AF221652

Impressum
Verlag: BABADADA GmbH, Nedderfeld 112 , 22529 Hamburg
Geschäftsführer / Verlagsleitung: Harald Hof
Druck: Books on Demand GmbH, In de Tarpen 42, 22848 Norderstedt

Imprint
Publisher: BABADADA GmbH, Nedderfeld 112 , 22529 Hamburg, Germany
Managing Director / Publishing direction: Harald Hof
Print: Books on Demand GmbH, In de Tarpen 42, 22848 Norderstedt, Germany

iskola
škola

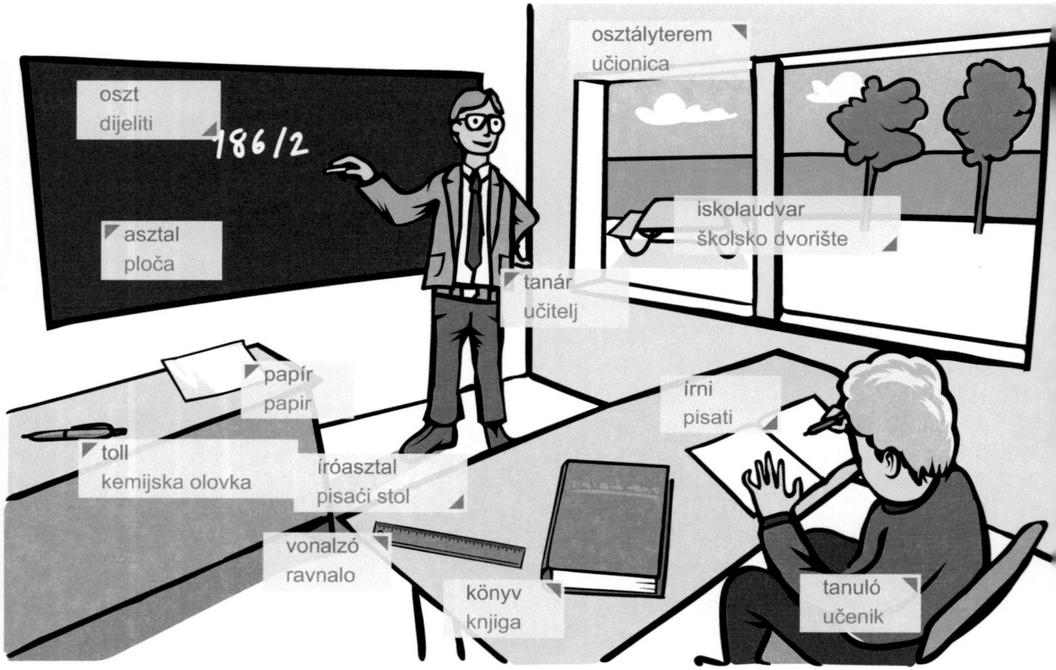
osztályterem
učionica
oszt
dijeliti
186/2
asztal
ploča
iskolaudvar
školsko dvorište
tanár
učitelj
papír
papir
írni
pisati
toll
kemijska olovka
íróasztal
pisaći stol
vonalzó
ravnalo
könyv
knjiga
tanuló
učenik

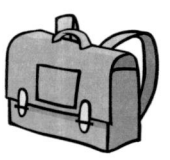

iskolatáska

torba

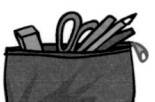

tolltartó

pernica

ceruza

grafitna olovka

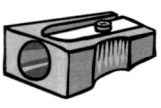

ceruzahegyező

šiljilo za olovke

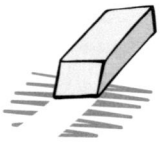

radír

gumica za brisanje

rajzfüzet

blok za crtanje

rajz

crtež

ecset

kist

festőkészlet

kutija s bojama

olló

makaze

ragasztó

ljepilo

munkafüzet

bilježnica

házi feladat

domaći zadatak

szám

broj

összead

sabirati

kivon

oduzimati

szoroz

množiti

számol

računati

betű

slovo

ABC

abeceda

szó

riječ

szöveg

tekst

olvasni

čitati

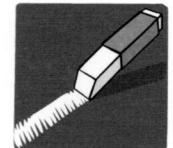

kréta

kreda

tanóra

sat

napló

dnevnik

vizsga

ispit

bizonyítvány

svjedodžba

iskolai egyenruha

školska uniforma

oktatás

obrazovanje

enciklopédia

leksikon

egyetem

sveučilište

mikroszkóp

mikroskop

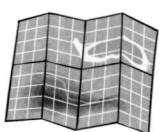

térkép

karta

papír-hulladék gyűjtő

košara za papir

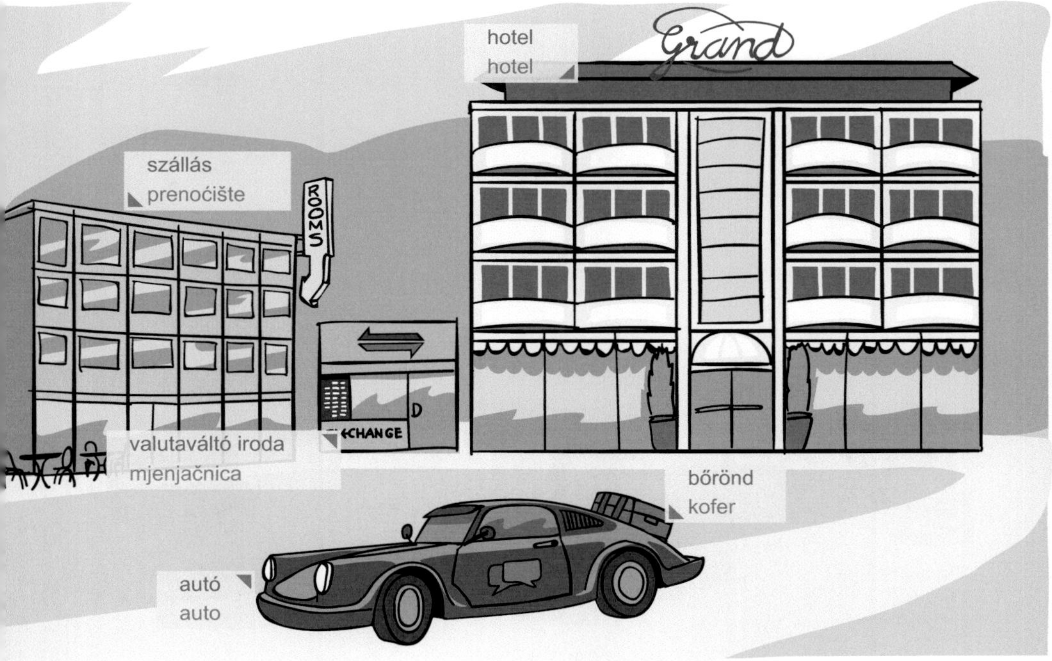

hotel
hotel
Grand
szállás
prenoćište
ROOMS
valutaváltó iroda
mjenjačnica
bőrönd
kofer
autó
auto

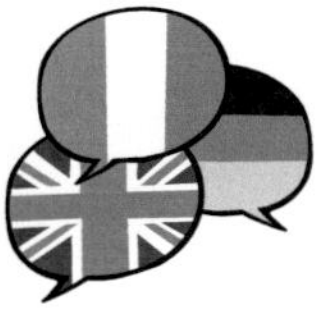

nyelv

jezik

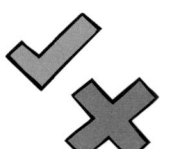

igen/nem

da / ne

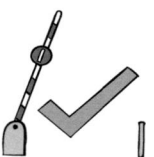

rendben

okay

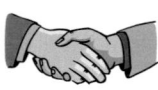

szia

zdravo

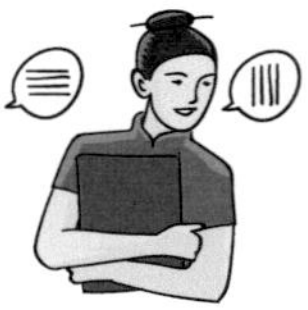

fordító

prevoditelj

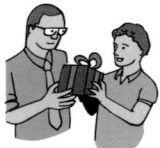

köszönöm

hvala

mennyibe kerül…?

Koliko košta...?

nem értem

ne razumijem

probléma

problem

Jó estét!

dobro veče!

jó reggelt!

Dobro jutro!

jó éjszakát!

Laku noć!

viszontlátásra

doviđenja

útirány

smjer

poggyász

prtljaga

táska

torba

hátizsák

ruksak

vendég

gost

szoba

soba

hálózsák

vreća za spavanje

sátor

šator

turista információ

turističke informacije

strand

plaža

hitelkártya

kreditna kartica

reggeli

doručak

ebéd

ručak

vacsora

večera

jegy

karta za vožnju

lift

dizalo

bélyeg

poštanska markica

határ

granica

vám

carina

nagykövetség

ambasada

vízum

viza

útlevél

putovnica

közlekedés
transport

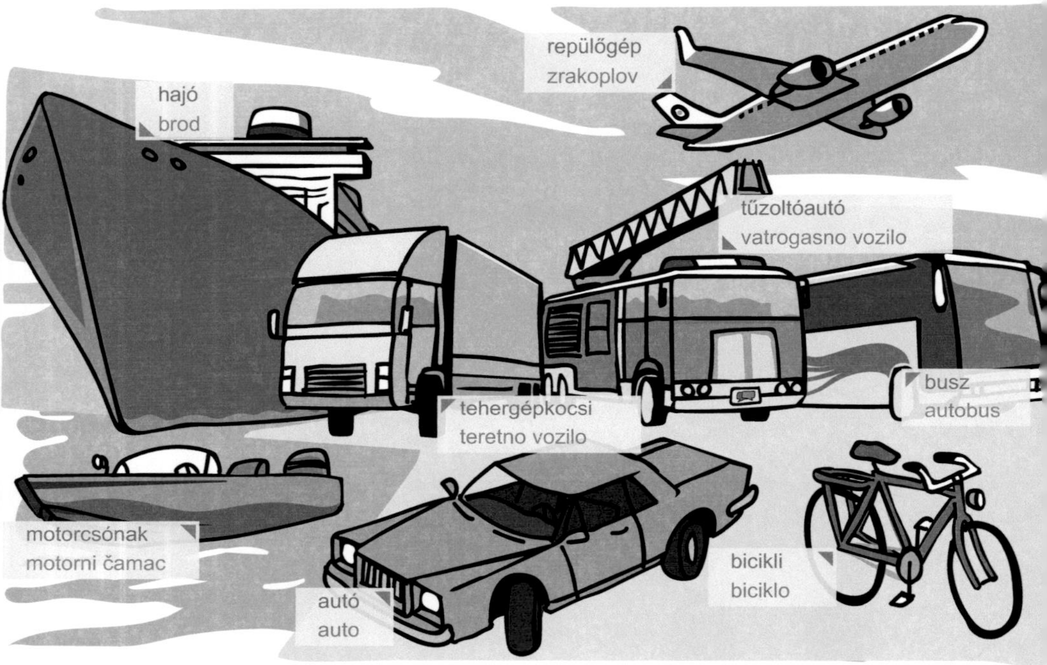
repülőgép
zrakoplov
hajó
brod
tűzoltóautó
vatrogasno vozilo
busz
autobus
tehergépkocsi
teretno vozilo
motorcsónak
motorni čamac
bicikli
biciklo
autó
auto

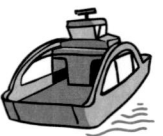

komp

trajekt

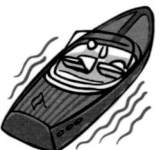

csónak

čamac

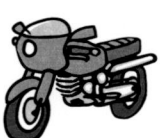

motorkerékpár

motocikl

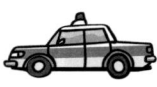

rendőrautó

policijski auto

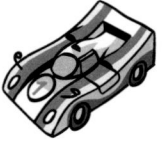

versenyautó

trkaći auto

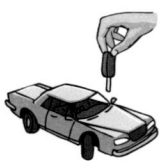

bérautó

iznajmljeno auto

telekocsi

dijeljenje automobila

vontató

vučno vozilo

szemetes autó

vozilo za odvoz smeća

motor

motor

üzemanyag

benzin

benzinkút

benzinska postaja

közlekedési tábla

prometni znak

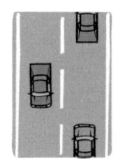

forgalom

promet

forgalmi dugó

zastoj

parkoló

parkiralište

vonatállomás

kolodvor

sínek

šine

vonat

vlak

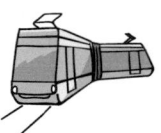

villamos

tramvaj

vagon

vagon

helikopter

helikopter

repülőtér

zrakoplovna luka

torony

toranj

utas

putnik

konténer

kontejner

kartondoboz

karton

taliga

kolica

kosár

košara

felszáll / leszáll

uzletjeti / sletjeti

város

grad

falu

selo

városközpont

centar grada

ház

kuća

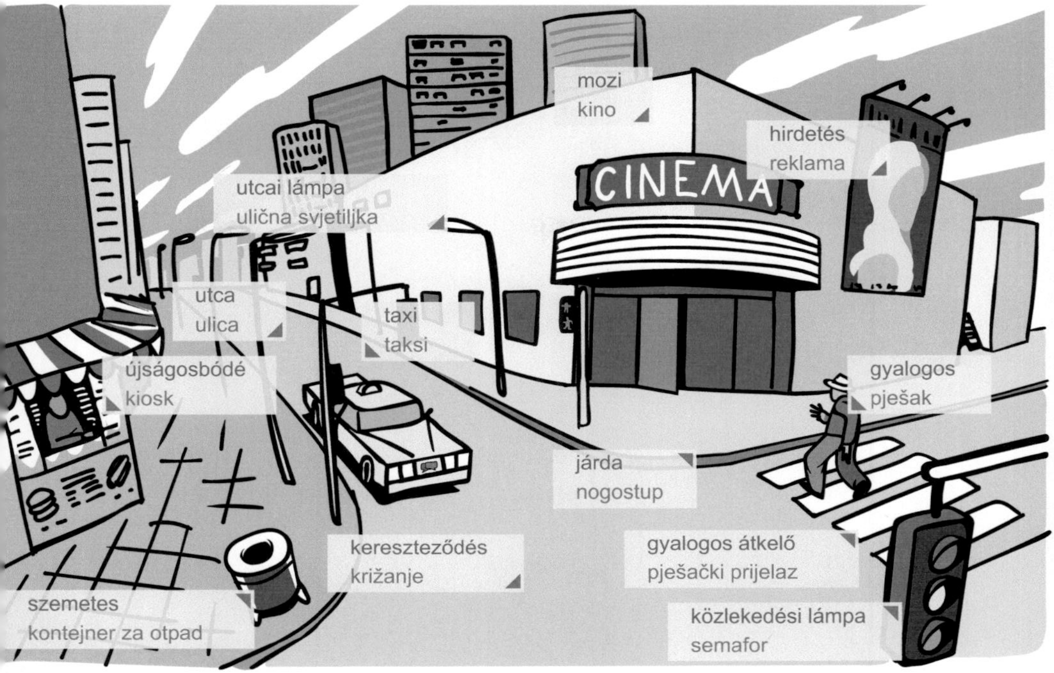

mozi
kino

hirdetés
reklama

utcai lámpa
ulična svjetiljka

CINEMA

utca
ulica

taxi
taksi

újságosbódé
kiosk

gyalogos
pješak

járda
nogostup

kereszteződés
križanje

gyalogos átkelő
pješački prijelaz

szemetes
kontejner za otpad

közlekedési lámpa
semafor

kunyhó

koliba

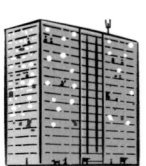

lakás

stan

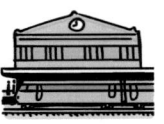

vonatállomás

kolodvor

városháza

vijećnica

múzeum

muzej

iskola

škola

egyetem

sveučilište

bank

banka

kórház

bolnica

hotel

hotel

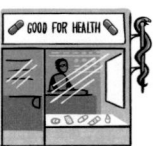

gyógyszertár

ljekarna

iroda

ured

könyvesbolt

knjižara

üzlet

prodavaonica

virágüzlet

cvjećara

szupermarket

supermarket

piac

trg

áruház

robna kuća

halárus

ribarnica

bevásárló központ

trgovački centar

kikötő

luka

park park	pad klupa	híd most

lépcső stepenice	metró podzemna željeznica	alagút tunel

buszmegálló autobusna stanica	bár bar	étterem restoran

postaláda poštansko sanduče	utcatábla ulični znak	parkoló óra parkirni sat

állatkert zoološki vrt	uszoda bazen	mecset džamija

gazdálkodás

seosko gazdinstvo

környezetszennyezés

zagađenje okoliša

temető

groblje

templom

crkva

játszótér

igralište

szentély

hram

táj
krajolik

levél
list

útjelző tábla
putokaz

út
put

rét
livada

kő
kamen

fa
drvo

túrázó
šetač

folyó
rijeka

fű
trava

virág
cvijet

völgy
dolina

domb
planina

tó
jezero

erdő
šuma

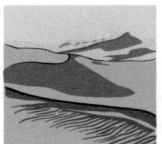

sivatag
pustinja

vulkán
vulkan

kastély
dvorac

szivárvány
duga

gomba
gljiva

pálmafa
palma

szúnyog
moskito

légy
muha

hangya
mrav

méhecske
pčela

pók
pauk

bogár

buba

béka

žaba

mókus

vjeverica

sündisznó

jež

nyúl

zec

bagoly

sova

madár

ptica

hattyú

labud

vaddisznó

divlja svinja

szarvas

jelen

rénszarvas

los

gát

nasip

szélturbina

vjetrenjača

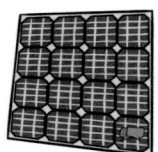

napelem

solarna ploča

éghajlat

klima

étterem
restoran

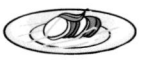

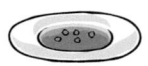

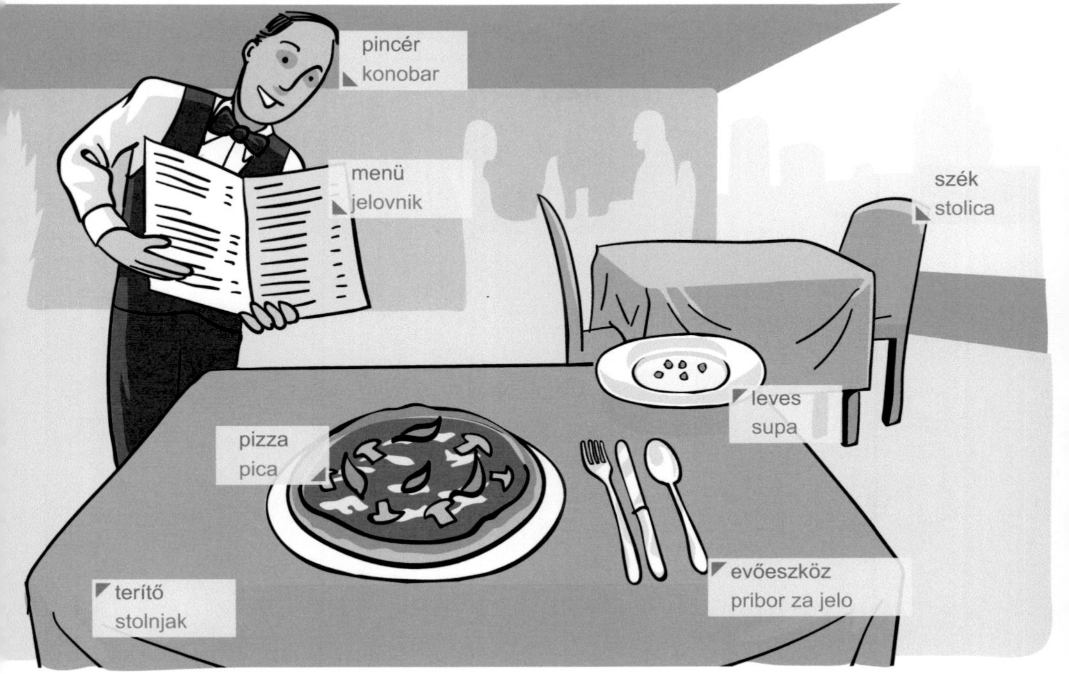
pincér
konobar
menü
jelovnik
szék
stolica
leves
supa
pizza
pica
terítő
stolnjak
evőeszköz
pribor za jelo

előétel

predjelo

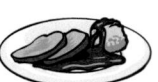

főétel

glavno jelo

desszert

desert

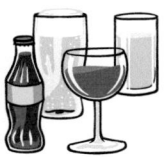

italok

napitci

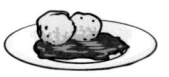

étel

jelo

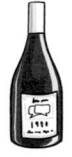

üveg

boca

gyorsétel

fastfood

gyorsétel

imbis hrana

teás kanna

čajnik

cukortartó

doza za šećer

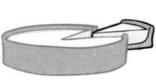

adag

porcija

eszpresszógép

aparat za espresso

bárszék

visoka stolica

számla

račun

tálca

pladanj

kés

nož

villa

vilica

kanál

žlica

teáskanál

čajna žlica

szalvéta

ubrus

pohár

čaša

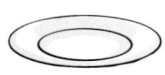

tányér

tanjur

leveses tányér

tanjur za supu

csészealj

tanjurić

szósz

sos

sószóró

soljenka

borsőrlő

mlin za biber

ecet

ocat

étkezési olaj

ulje

fűszerek

začini

ketchup

kečap

mustár

senf

majonéz

majoneza

szupermarket
supermarket

különleges ajánlat
ponuda
ügyfél
kupac
tejtermék
mliječni proizvodi
gyümölcsök
voće
bevásárló kocsi
kolica za kupnju
FOR

BUTCHERS

hentes

mesnica

BAKERY

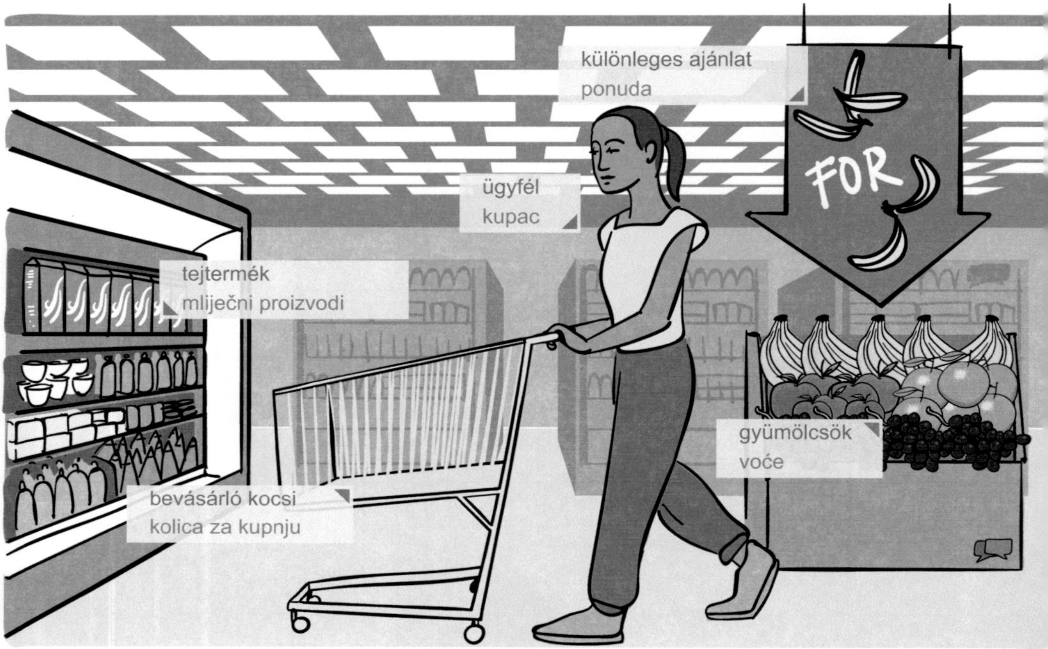

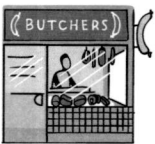

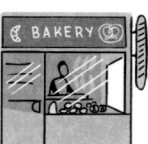

pékség

pekarnica

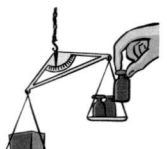

nyom valamennyit

vagati

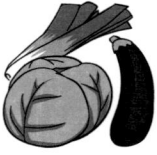

zöldség

povrće

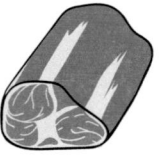

hús

meso

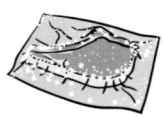

fagyasztott áru

duboko smrznuta hrana

felvágott

narezak

konzerv

konzerve

mosópor

sredstvo za pranje

édességek

slatkiši

háztartási termék

artikli za domaćinstvo

tisztítószerek

sredstva za čišćenje

eladó

prodavačica

pénztárgép

blagajna

eladó

blagajnik

bevásárló lista

lista za kupnju

nyitva tartás

vrijeme rada

levéltárca

novčanik

hitelkártya

kreditna kartica

zacskó

torba

műanyag zacskó

plastična vrećica

víz

voda

gyümölcslé

sok

tej

mlijeko

kóla

cola

bor

vino

sör

pivo

alkohol

alkohol

kakaó

kakao

tea

čaj

kávé

kava

eszpresszó

espresso

kapucsínó

cappuccino

banán

banana

alma

jabuka

narancs

naranča

sárgadinnye

lubenica

citrom

limun

sárgarépa

mrkva

fokhagyma

češnjak

bambusz

bambus

hagyma

luk

gomba

gljiva

magvak

orašasti plodovi

nokedli

rezanci

spagetti

špagete

rizs

riža

saláta

salata

sült krumpli

pomfrit

sült burgonya

pečeni krumpir

pizza

pica

hamburger

hamburger

szendvics

sendvič

hússzelet

šnicla

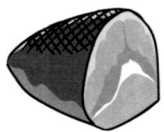

sonka

pršut

szalámi

salama

kolbász

kobasica

csirke

kokoš

pecsenye

pečenje

hal

riba

zabkása

zobene pahuljice

müzli

musli

kukoricapehely

kukuruzne pahuljice

liszt

brašno

croissant

roščić

zsemle

pecivo

kenyér

kruh

pirítós kenyér

toast

keksz

keksi

vaj

maslac

túró

svježi sir

sütemény

kolač

tojás

jaje

tükörtojás

jaje na oko

sajt

sir

jégkrém

sladoled

cukor

šećer

méz

med

lekvár

marmelada

mogyorókrém

nugat krema

curry

curry

gazdálkodás
seosko gazdinstvo

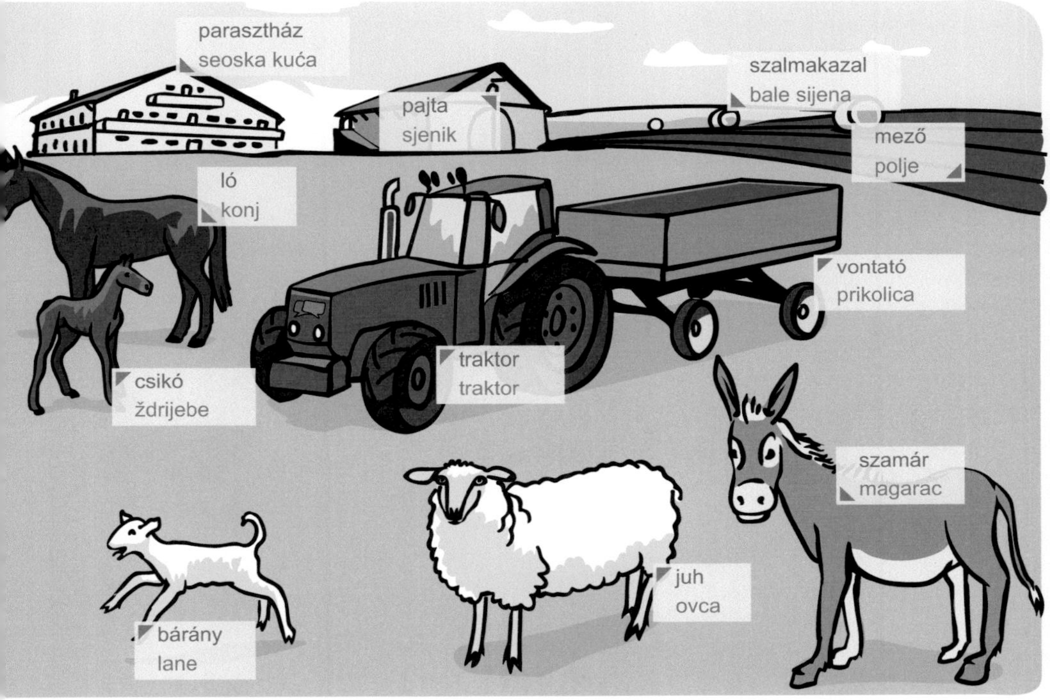
parasztház
seoska kuća
pajta
sjenik
szalmakazal
bale sijena
mező
polje
ló
konj
vontató
prikolica
traktor
traktor
csikó
ždrijebe
szamár
magarac
juh
ovca
bárány
lane

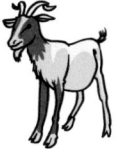

kecske

koza

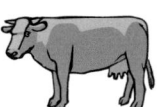

tehén

krava

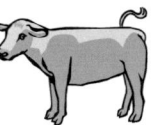

borjú

tele

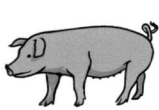

malac

svinja

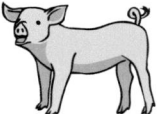

kismalac

prase

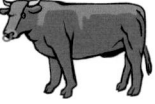

bika

bik

liba
guska

kacsa
patka

csibe
pilići

tojó
kokoš

kakas
pijetao

patkány
pacov

macska
mačka

egér
miš

ökör
vol

kutya
pas

kutyaház
kućica za psa

kerti öntözőcső
vrtno crijevo

öntözőkanna
kanta za polijevanje

kasza
kosa

eke
plug

sarló

srp

kapa

motika

vasvilla

vilica za gnojivo

fejsze

sjekira

talicska

tačke

teknő

korito

tejes kancsó

posuda za mlijeko

zsák

vreća

kerítés

ograda

istálló

štala

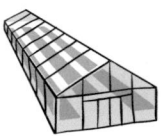

üvegház

staklenik

talaj

zemlja

vetőmag

sjeme

trágya

gnojivo

cséplőgép

kombajn

szüretelni

žanjati

betakarítás

žetva

yamgyökér

yams začin

búza

pšenica

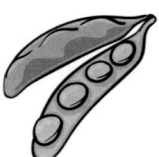

szója

soja

burgonya

krumpir

kukorica

kukuruz

repcemag

uljana repica

gyümölcsfa

voćka

manióka

gomolj manioke

gabona

žitarice

ház
kuća

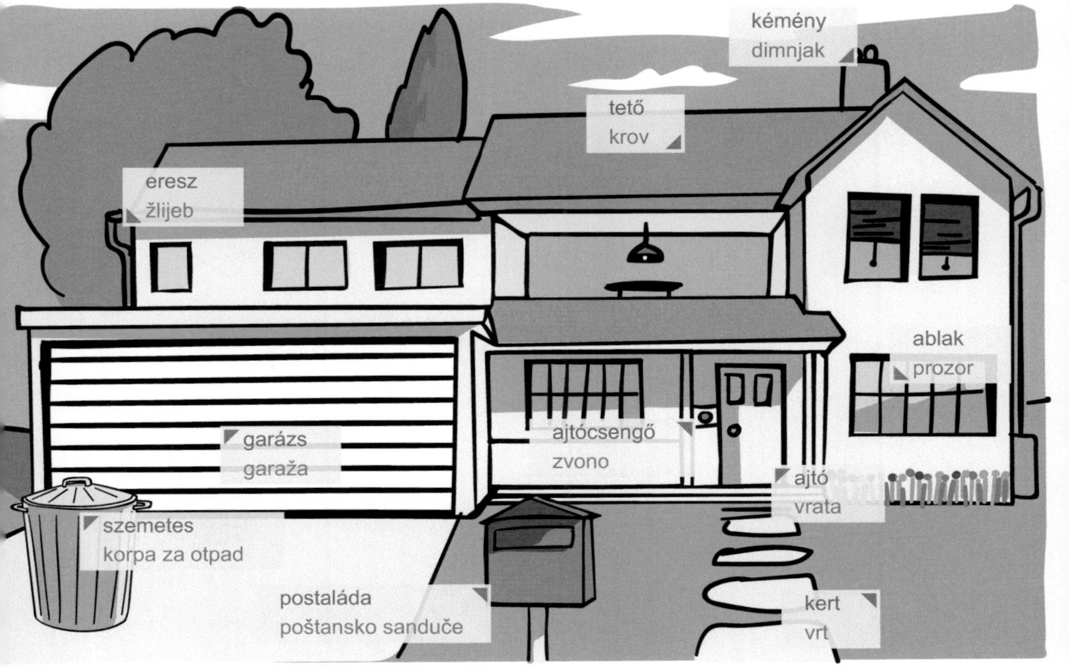
kémény
dimnjak
tető
krov
eresz
žlijeb
ablak
prozor
garázs
garaža
ajtócsengő
zvono
ajtó
vrata
szemetes
korpa za otpad
postaláda
poštansko sanduče
kert
vrt

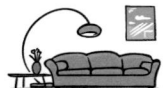

nappali
dnevna soba

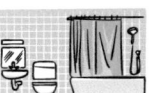

fürdőszoba
kupaonica

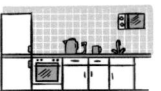

konyha
kuhinja

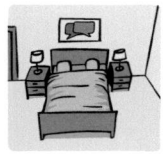

hálószoba
spavaća soba

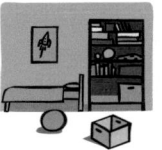

gyerekszoba
dječija soba

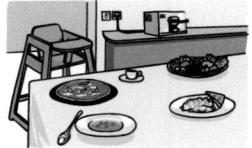

ebédlő
trpezarija

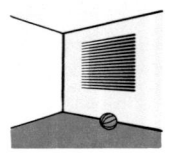

padló

pod

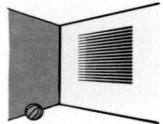

fal

zid

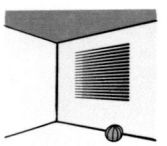

plafon

strop

pince

podrum

szauna

sauna

erkély

balkon

terasz

terasa

medence

bazen

fűnyíró

kosilica za travu

lepedő

posteljina za krevet

ágytakaró

deka za krevet

ágy

krevet

seprű

metla

vödör

kanta

kapcsoló

sklopka

nappali
dnevna soba

tapéta
tapeta
kép
slika
lámpa
svjetiljka
polc
regal
szekrény
ormar
televízió
televizija
kandalló
kamin
virág
cvijet
párna
jastuk
kanapé
kauč
váza
vaza
távirányító
daljinski upravljač

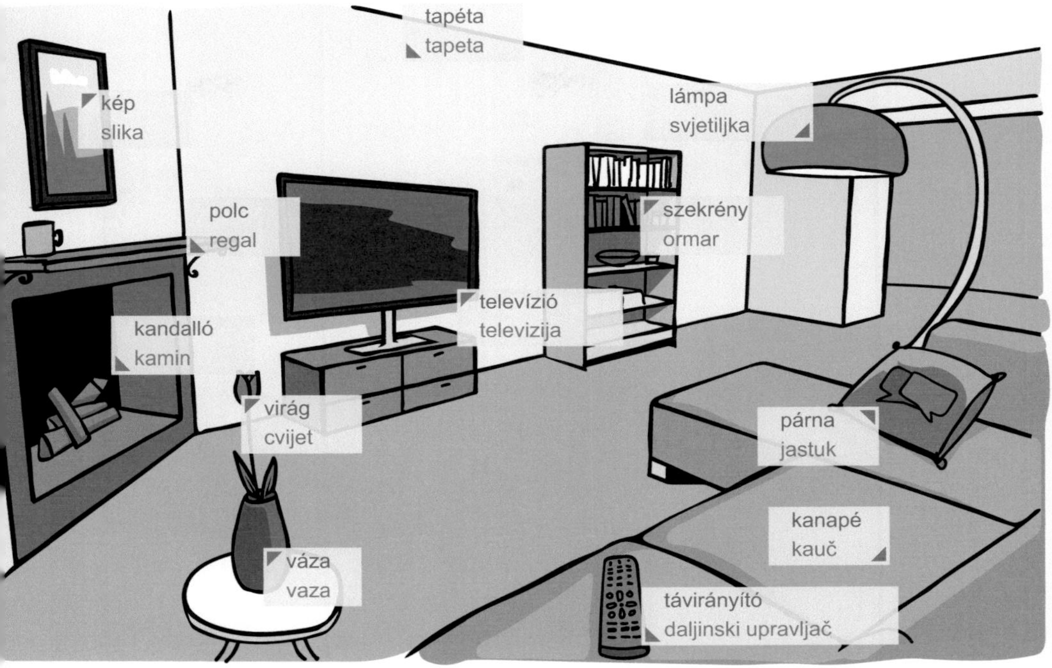

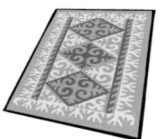

szőnyeg

tepih

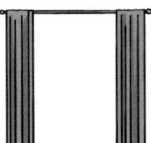

függöny

zavjesa

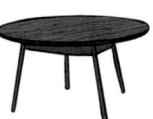

asztal

stol

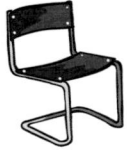

szék

stolica

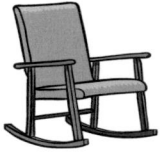

hintaszék

stolica za njihanje

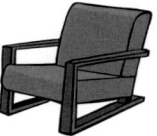

karosszék

fotelja

könyv

knjiga

takaró

deka

dekoráció

dekoracija

tűzifa

drvo za ogrjev

film

film

hifi

stereo uređaj

kulcs

ključ

újság

novine

festmény

slika na platnu

poszter

poster

rádió

radio

jegyzetfüzet

blok za pisanje

porszívó

usisavač

kaktusz

kaktus

gyertya

svijeća

konyha
kuhinja

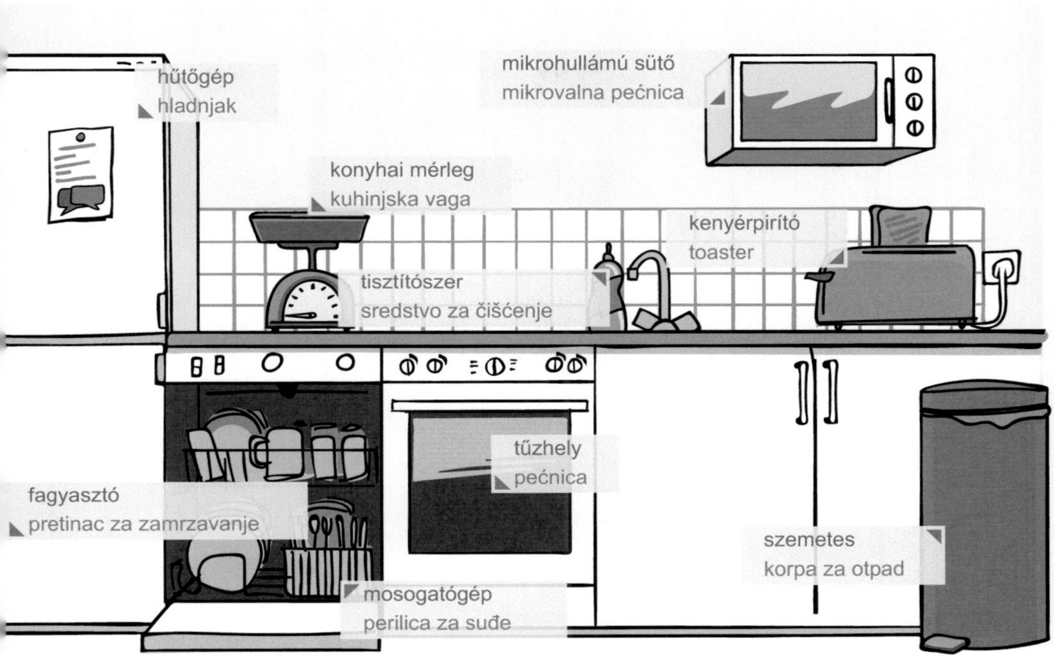

hűtőgép
hladnjak
mikrohullámú sütő
mikrovalna pećnica
konyhai mérleg
kuhinjska vaga
kenyérpirító
toaster
tisztítószer
sredstvo za čišćenje
tűzhely
pećnica
fagyasztó
pretinac za zamrzavanje
szemetes
korpa za otpad
mosogatógép
perilica za suđe

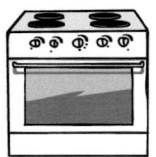

tűzhely

štednjak

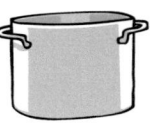

edény

lonac

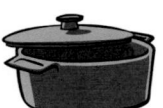

vasfazék

željezni lonac

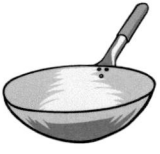

wok / kadai

wok / kadai

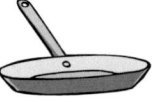

serpenyő

tava

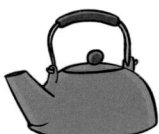

vízforraló

kuhalo za vodu

páróló

kuhalo na paru

tepsi

lim za pečenje

étkészlet

posuđe

bögre

čaša

tálka

zdjela

evőpálcika

štapići za jelo

merőkanál

kutljača

keverőlapátka

lopatica

habverő

pjenjača

szűrő

sito za kuhanje

szita

sito

reszelő

ribež

mozsár

mužar

grillsütő

roštilj

kandalló

ognjište

vágódeszka

daska

sodrófa

oklagija

dugóhúzó

vadičep

doboz

konzerva

konzervnyitó

otvarač konzervi

edényfogó

krpa za lonac

mosogató

sudoper

kefe

četka

szivacs

spužva

turmixgép

mikser

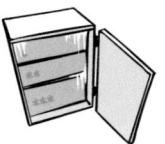

mélyhűtő

zamrzivač

cumisüveg

bočica za bebe

csap

slavina za vodu

fürdőszoba
kupaonica

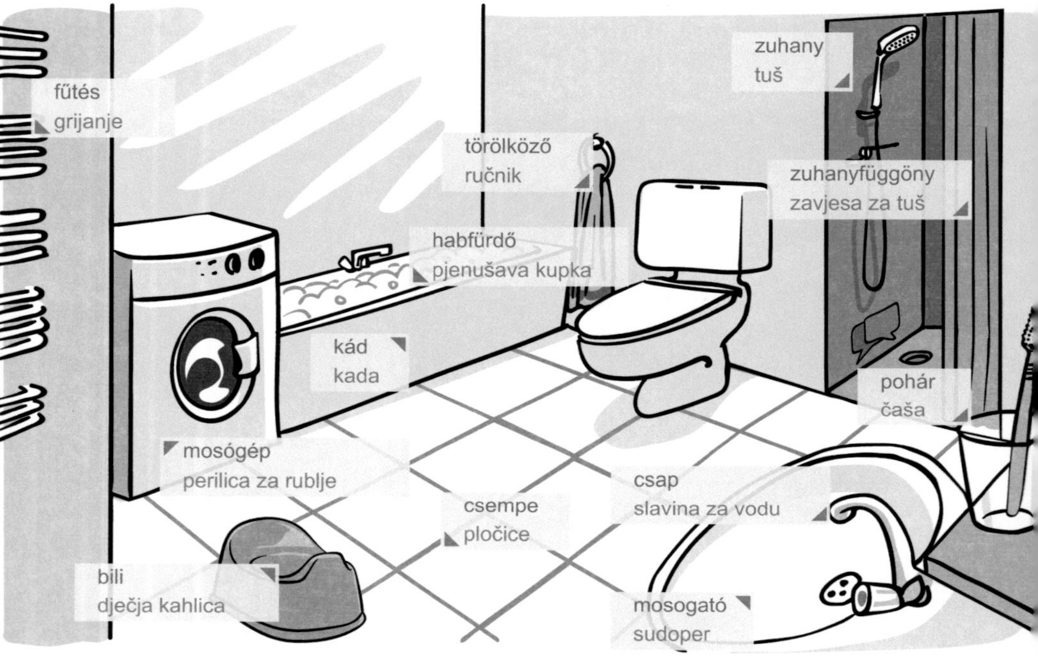

fűtés
grijanje

zuhany
tuš

törölköző
ručnik

zuhanyfüggöny
zavjesa za tuš

habfürdő
pjenušava kupka

kád
kada

pohár
čaša

mosógép
perilica za rublje

csap
slavina za vodu

csempe
pločice

bili
dječja kahlica

mosogató
sudoper

toalett

toalet

guggolós toalett

čučavac

bidé

bidet

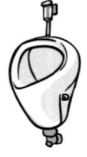

piszoár

pisoar

toalett papír

papir za toalet

wc kefe

četka za toalet

fogkefe

četkica za zube

fogkrém

pasta za zube

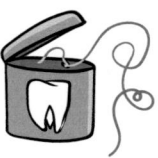

fogselyem

konac za zube

mosni

prati

kézi zuhany

tuš ručica

intimzuhany

tuš za pranje intimnih
dijelova

mosdótál

lavor

hátmosó kefe

četka za pranje leđa

szappan

sapun

tusfürdő

gel za tuširanje

sampon

šampon

mosdókesztyű

krpa za pranje

lefolyó

odvod

krém

krema

dezodor

dezodorans

tükör

ogledalo

kézitükör

kozmetičko ogledalo

borotva

brijač

borotvahab

pjena za brijanje

borotválkozás utáni
arcszesz
losion za poslije brijanja

fésű

češalj

hajkefe

četka

hajszárító

sušilo za kosu

hajlakk

sprej za kosu

smink

makeup

ajakrúzs

ruž za usne

körömlakk

lak za nokte

vatta

vata

körömvágó olló

škare za nokte

parfüm

parfem

neszesszer

neseser

sámli

stolica

mérleg

vaga

köntös

ogrtač

gumikesztyű

rukavice za čišćenje

tampon

tampon

egészségügyi betét

uložak

vegyi WC

kemijski toalet

gyerekszoba

dječija soba

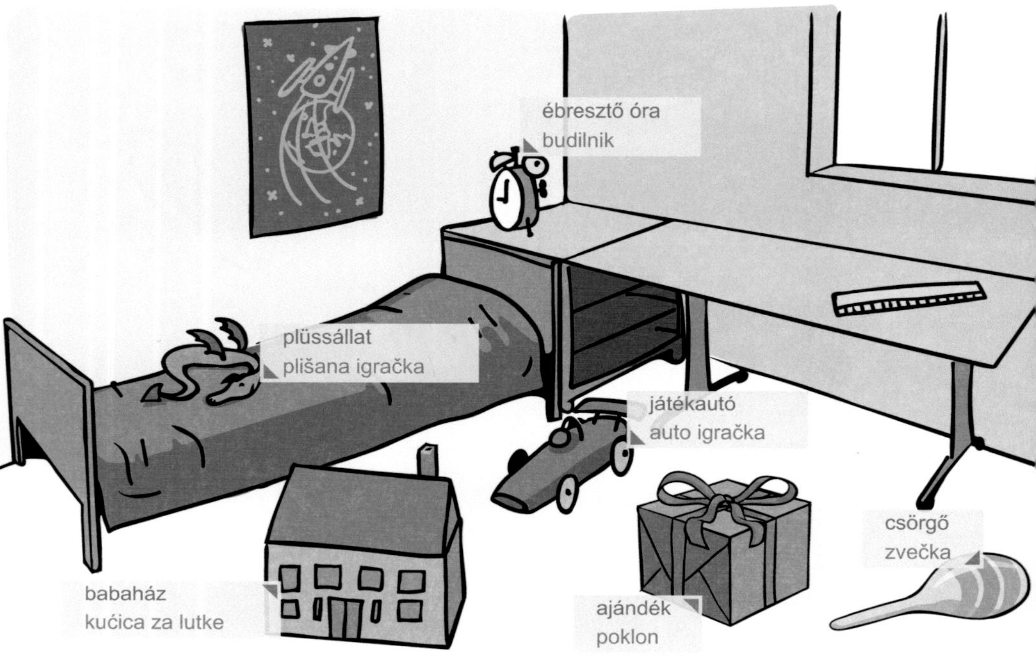
ébresztő óra
budilnik
plüssállat
plišana igračka
játékautó
auto igračka
csörgő
zvečka
babaház
kućica za lutke
ajándék
poklon

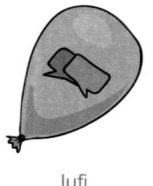

lufi

balon

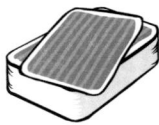

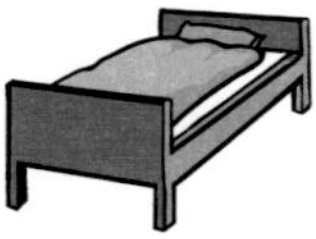

ágy

krevet

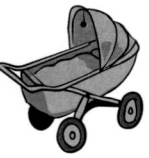

babakocsi

dječija kolica

kártyapakli

igra s kartama

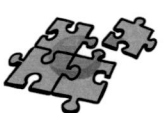

kirakós játék

slagalica

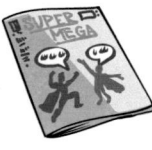

képregény

strip

építőkockák

lego kockice

építőelem

kockice za slaganje

szuperhős

akcioni junak

rugdalózó

kombinezon za bebe

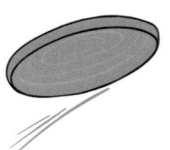

frizbi

frizbi

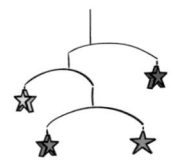

zenélő forgó

viseće igračke

társasjáték

društvene igre

kocka

kocka

modellvasút

minijaturna željeznica

cumi

duda

zsúr

tulum

képeskönyv

slikovnica

labda

lopta

baba

lutka

játszani

igrati

homokozó

pješčanik

hinta

ljuljačka

játékok

igračka

videójáték konzol

konzola za igre

tricikli

tricikl

teddi maci

plišani medo

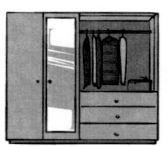

ruhásszekrény

ormar

zokni

kratke čarape

harisnya

čarape

harisnyanadrág

hulahopke

sál
šal

öv
kaiš

esernyő
kišobran

póló
t-shirt

tornacipő
patike

csizma
čizme

papucs
papuče

szandál
sandale

cipő
cipele

gumicsizma
gumene čizme

alsónadrág
gaćice

melltartó
grudnjak

mellény
potkošulja

body
bodi

nadrág
hlače

farmer
džins

szoknya
haljina

blúz
bluza

ing
košulja

pulóver
džemper

kapucnis pulóver
pulover s kapuljačom

blézer
blejzer

dzseki
jakna

kabát
kaput

esőkabát
kabanica

kosztüm
kostim

ruha
haljina

esküvői ruha
vjenčanica

öltöny

odijelo

hálóing

spavaćica

pizsama

pidžama

szári

sari

fejkendő

rubac

turbán

turban

burka

burka

kaftán

kaftan

abaya

abaja

fürdőruha

kupaći kostim

fürdőnadrág

kupaće gaćice

rövidnadrág

kratke hlače

tréningruha

odjeća za trening

kötény

pregača

kesztyű

rukavice

gomb

gumb

szemüveg

naočale

karkötő

narukvica

nyaklánc

ogrlica

gyűrű

prsten

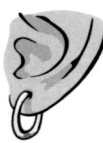

fülbevaló

naušnica

sapka

kapa

vállfa

vješalica

kalap

šešir

nyakkendő

kravata

cipzár

patent zatvarač

bukósisak

kaciga

nadrágtartó

naramenice

iskolai egyenruha

školska uniforma

egyenruha

uniforma

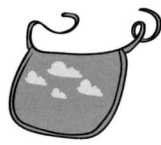

előke

podbradak

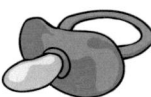

cumi

duda

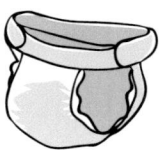

pelenka

pelena

iroda
ured

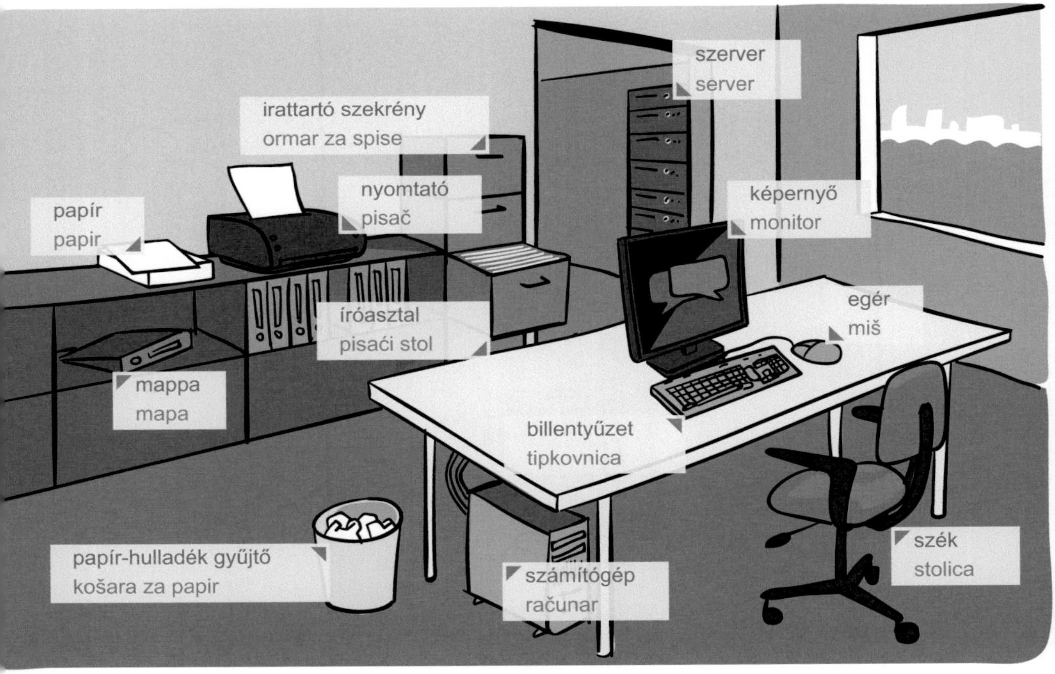

szerver
server
irattartó szekrény
ormar za spise
papír
papir
nyomtató
pisač
képernyő
monitor
íróasztal
pisaći stol
egér
miš
mappa
mapa
billentyűzet
tipkovnica
papír-hulladék gyűjtő
košara za papir
számítógép
računar
szék
stolica

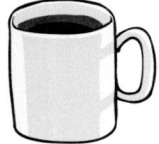

kávéscsésze

šalica za kavu

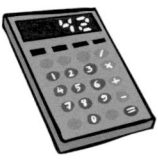

számológép

kalkulator

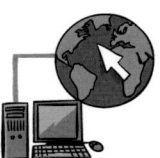

internet

internet

laptop

laptop

levél

pismo

üzenet

poruka

mobiltelefon

mobilni telefon

hálózat

mreža

fénymásoló

uređaj za kopiranje

szoftver

softver

telefon

telefon

konnektor

utičnica

faxgép

faks

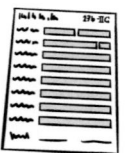

formanyomtatvány

obrazac

dokumentum

dokument

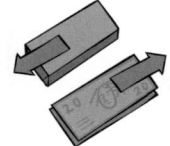

venni

kupovati

fizetni

platiti

kereskedni

trgovati

pénz

novac

USD

dollár

dolar

EUR

euró

euro

JPY

jen

jen

RUB

rubel

rubalj

CHF

svájci frank

švicarski franak

CNY

kínai jüan

renmindbi yuan

INR

rúpia

rupija

bankautomata

automat za novac

valutaváltó iroda

mjenjačnica

arany

zlato

ezüst

srebro

olaj

nafta

energia

energija

ár

cijena

szerződés

ugovor

adó

porez

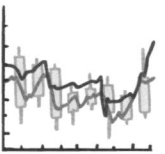

részvény

dionica

dolgozni

raditi

munkavállaló

službenik

munkaadó

poslodavac

gyár

tvornica

üzlet

prodavaonica

foglalkozások
zanimanja

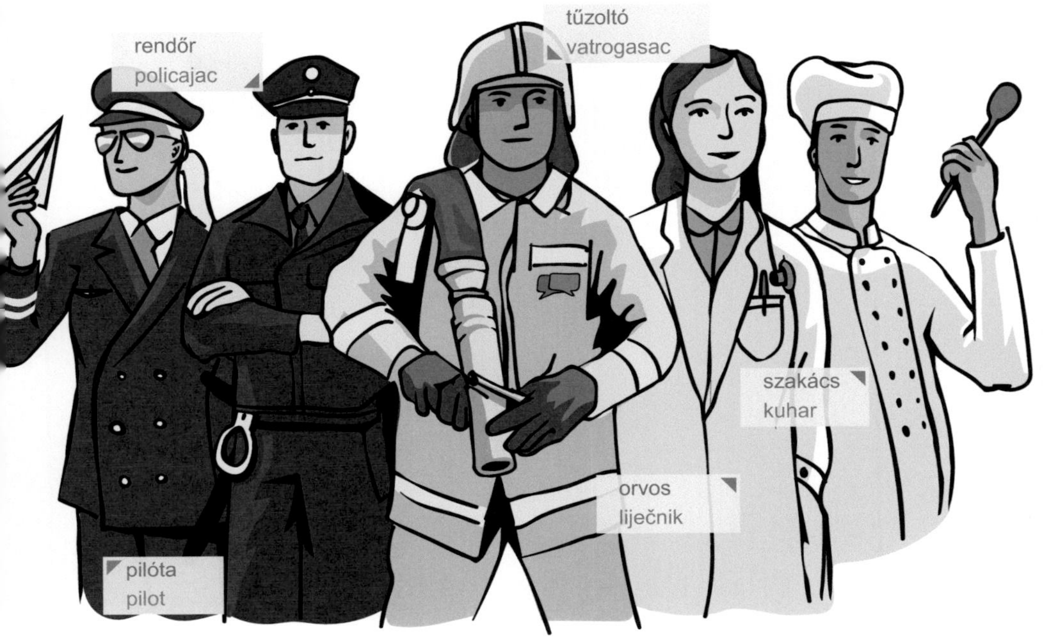

rendőr
policajac
tűzoltó
vatrogasac
szakács
kuhar
orvos
liječnik
pilóta
pilot

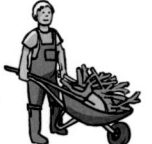

kertész

vrtlar

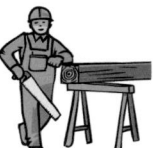

kárpitos

stolar

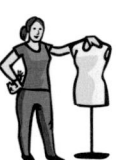

varrónő

krojačica

bíró

sudija

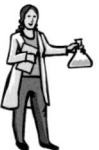

vegyész

kemičar

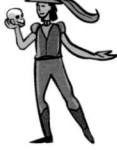

színész

glumac

buszsofőr

vozač autobusa

taxisofőr

vozač taksija

halász

ribar

bejárónő

čistačica

tetőfedő

krovopokrivač

pincér

konobar

vadász

lovac

festő

slikar

pék

pekar

villanyszerelő

električar

építőmunkás

građevinski radnik

mérnök

inženjer

hentes

mesar

vízvezeték-szerelő

limar

postás

poštar

katona
vojnik

építész
arhitekta

eladó
blagajnik

virágos
cvjećar

fodrász
frizer

kalauz
kondukter

műszerész
mehaničar

kapitány
kapetan

fogorvos
zubar

tudós
znanstvenik

rabbi
rabi

imám
imam

szerzetes
monah

lelkész
svećenik

szerszámok
alati

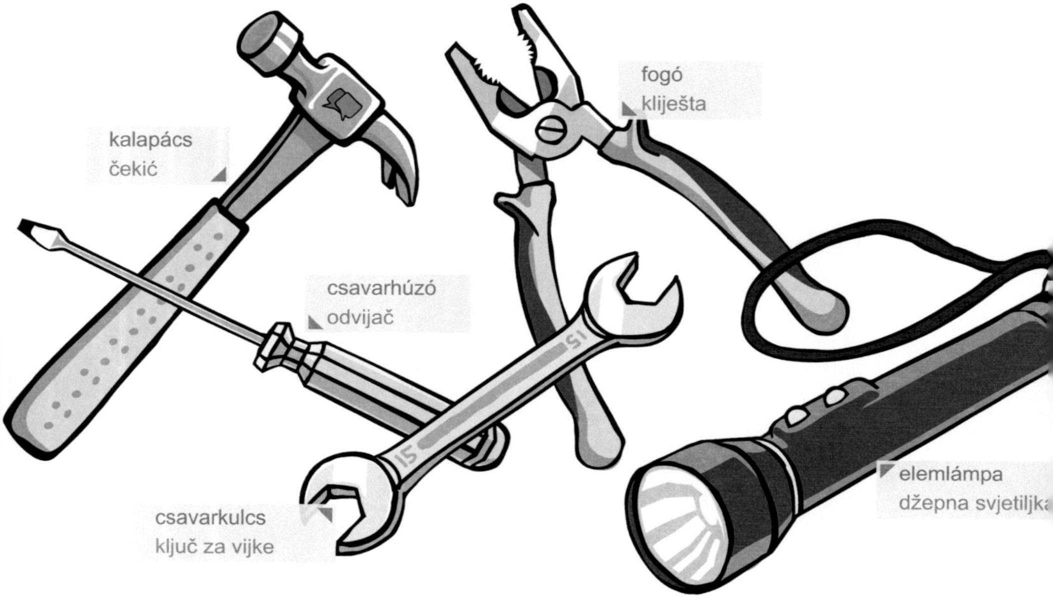
kalapács
čekić
fogó
kliješta
csavarhúzó
odvijač
elemlámpa
džepna svjetiljka
csavarkulcs
ključ za vijke

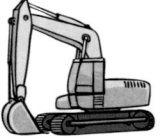

markológép

rovokopač

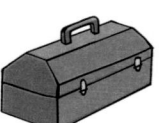

szerszámosláda

kutija za alat

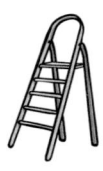

vödör

ljestve

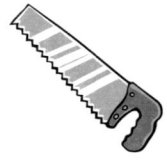

fűrész

pila

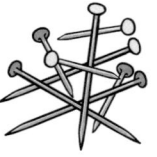

szög

ekser

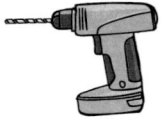

fúrógép

bušilica

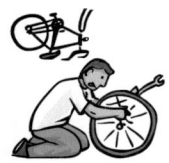

megjavítani

popraviti

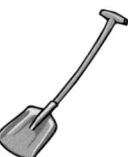

lapát

lopata

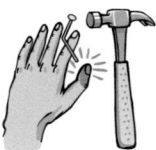

A francba!

Sranje!

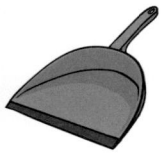

szemétlapát

lopatica

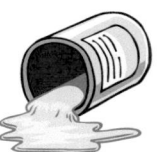

festékesdoboz

lonac za boju

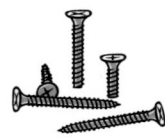

csavar

vijci

hangszerek

glazbeni instrument

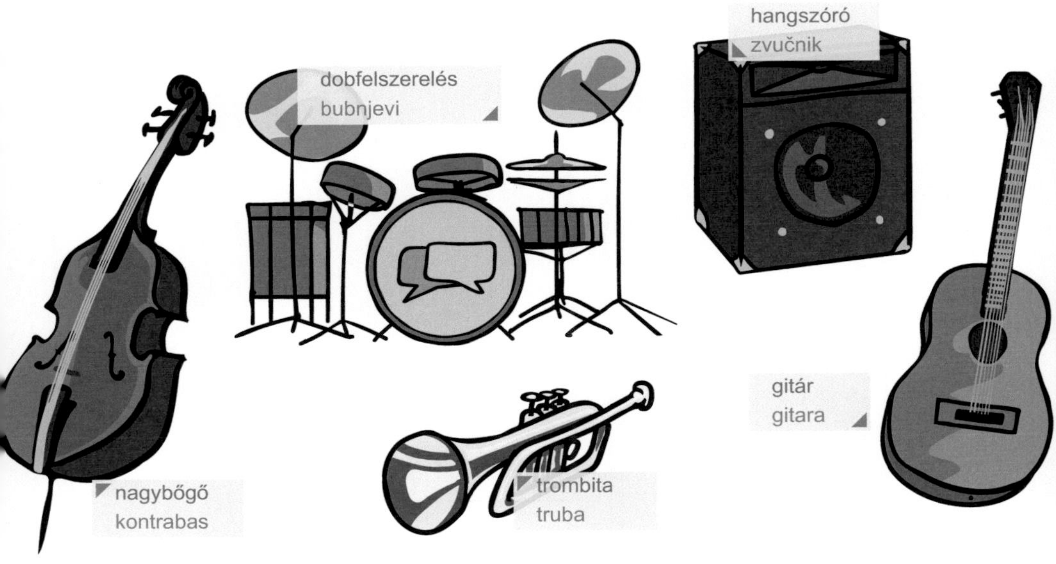
hangszóró
zvučnik
dobfelszerelés
bubnjevi
gitár
gitara
nagybőgő
kontrabas
trombita
truba

zongora

klavir

hegedű

violina

basszusgitár

bas

üstdob

timpani

dobok

udaraljke za bubnjeve

digitális zongora

keyboard

szaxofon

saksofon

fuvola

flauta

mikrofon

mikrofon

állatkert

zoološki vrt

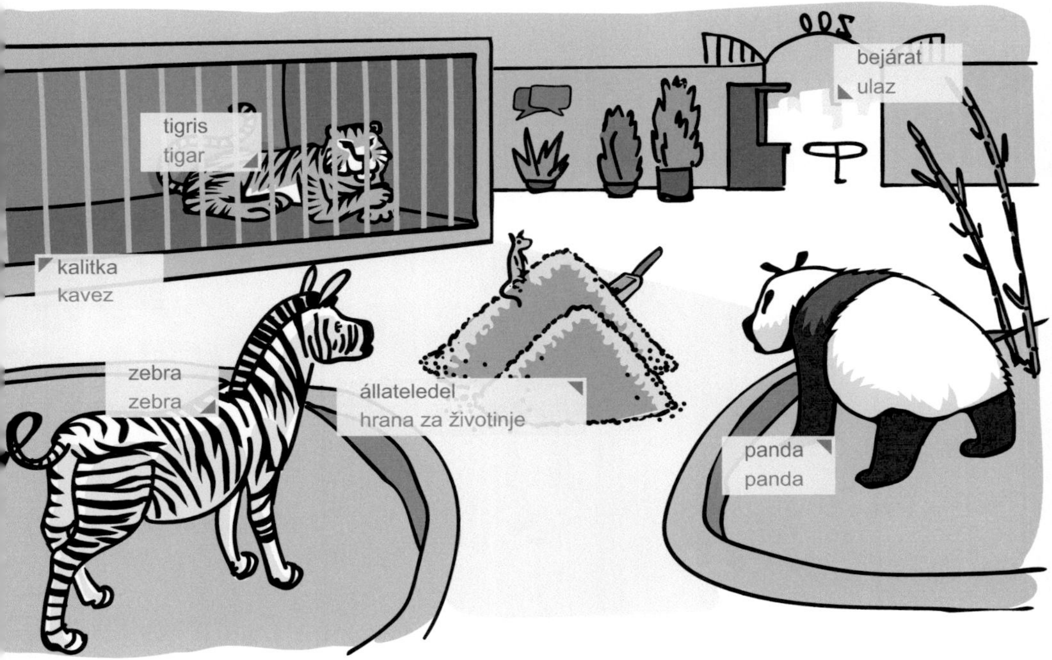

bejárat
ulaz
tigris
tigar
kalitka
kavez
zebra
zebra
állateledel
hrana za životinje
panda
panda

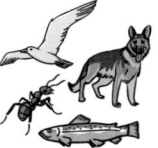

állatok

životinje

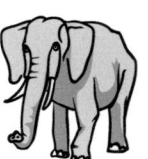

elefánt

slon

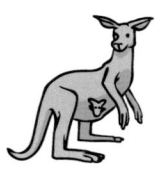

kenguru

kengur

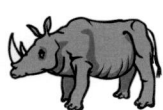

orrszarvú

nosorog

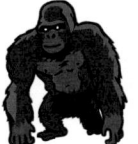

gorilla

gorila

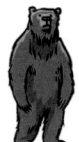

medve

medvjed

teve

kamila

strucc

noj

oroszlán

lav

majom

majmun

flamingó

flamingo

papagáj

papagaj

jegesmedve

polarni medvjed

pingvin

pingvin

cápa

ajkula

páva

paun

kígyó

zmija

krokodil

krokodil

állatgondozó

čuvar u zoološkom vrtu

fóka

tuljan

jaguár

jaguar

póniló

poni

leopárd

leopard

víziló

nilski konj

zsiráf

žirafa

sas

orao

vaddisznó

divlja svinja

hal

riba

teknős

kornjača

rozmár

morž

róka

lisica

gazella

gazela

amerikai futball
američki nogomet

kerékpározás
biciklizam

tenisz
tenis

kosárlabda
košarka

úszás
plivanje

boksz
boks

jégkorong
hockey na ledu

futball
nogomet

tollas
badminton

atlétika
atletika

kézilabda
rukomet

síelés
skijanje

lovaspóló
polo

ugrani
skočiti

ölelni
zagrliti

nevetni
smijati se

sétálni
ići

énekelni
pjevati

álmodni
sanjati

dicsérni
moliti se

csókolni
poljubiti

írni
pisati

rajzolni
crtati

mutatni
pokazati

tolni
gurati

adni
dati

vinni
uzeti

birtokolni

imati

állni

stojati

csinálni

činiti

lenni

biti

húzni

povlačiti

hajít

baciti

futni

trčati

esni

padati

hazudni

ležati

várni

čekati

vinni

nositi

ülni

sjediti

felvenni

oblačiti

aludni

spavati

felébredni

probuditi se

ránézni

gledati

sírni

plakati

simogat

milovati

fésülni

češljati

beszélni

govoriti

megérteni

razumjeti

kérdezni

pitati

hallgatni

slušati

inni

piti

enni

jesti

takarítani

pospremiti

szeretni

voljeti

főzni

kuhati

vezetni

voziti

szállni

letjeti

vitorlázni

ploviti

számol

računati

olvasni

čitati

tanulni

učiti

dolgozni

raditi

házasodni

vjenčati se

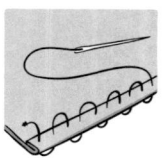

varrni

šiti

fogat mosni

prati zube

ölni

ubiti

dohányozni

pušiti

küldeni

poslati

család
obitelj

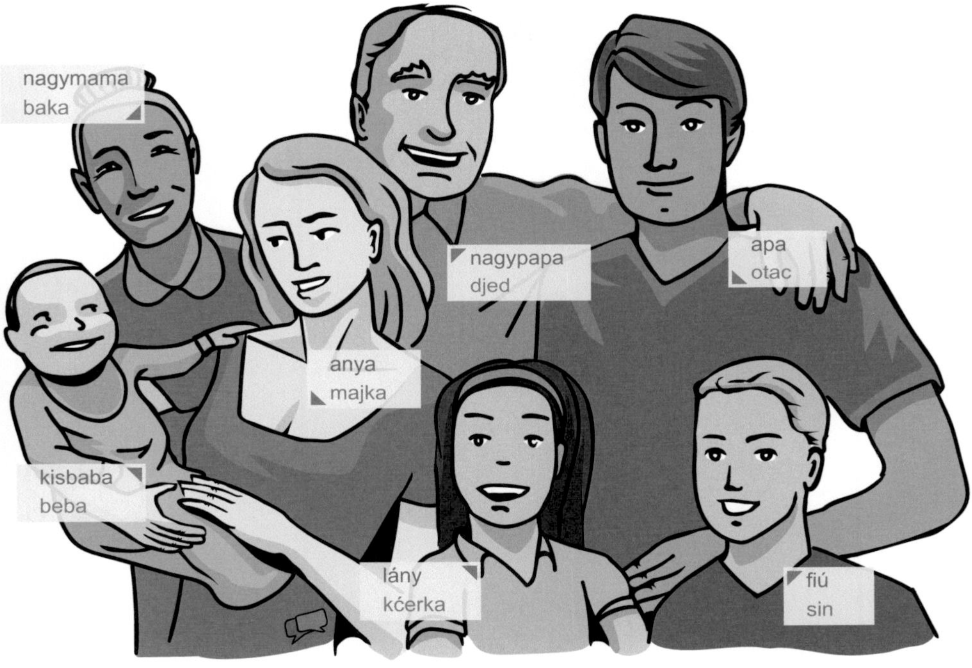
nagymama
baka
nagypapa
djed
apa
otac
anya
majka
kisbaba
beba
lány
kćerka
fiú
sin

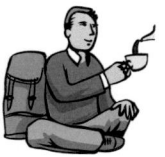

vendég

gost

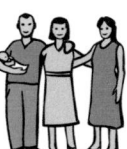

nagynéni

tetka

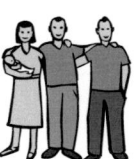

nagybácsi

ujak, stric

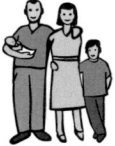

fiútestvér

brat

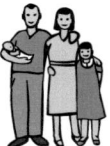

lánytestvér

sestra

test

tijelo

homlok
čelo
szem
oko
arc
lice
áll
brada
mell
grudi
ujj
prst
kéz
ruka
kar
ruka
váll
rame
láb
noga

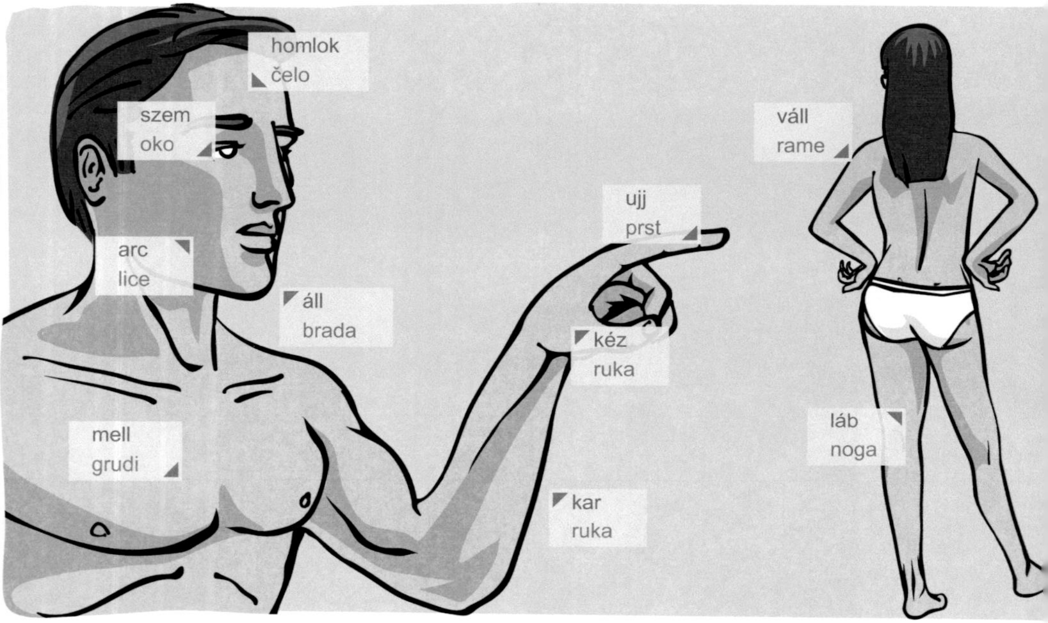

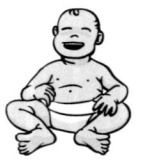

kisbaba
beba

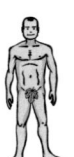

ember
muškarac

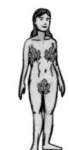

nő
žena

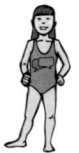

lány
djevojčica

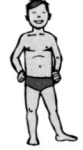

fiú
dječak

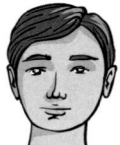

fej
glava

hát

leđa

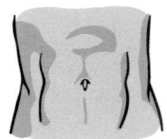

has

trbuh

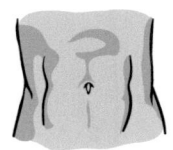

köldök

pupak

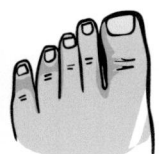

lábujj

nožni prst

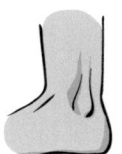

sarok

peta

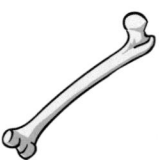

csont

kost

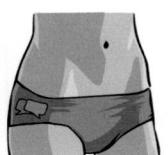

csípő

kuk

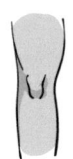

térd

koljeno

könyök

lakat

orr

nos

fenék

stražnjica

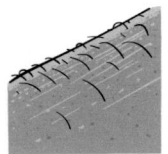

bőr

koža

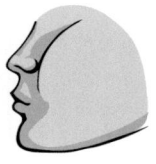

orca

obraz

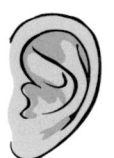

fül

uho

ajak

usna

száj
....
usta

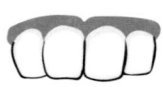

fog
....
zub

nyelv
....
jezik

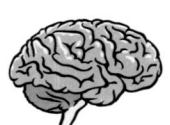

agy
....
mozak

szív
....
srce

izom
....
mišić

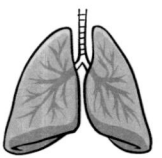

tüdő
....
pluća

máj
....
jetra

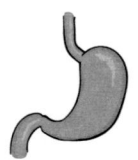

gyomor
....
želudac

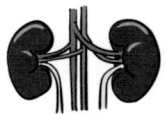

vese
....
bubrezi

szex
....
snošaj

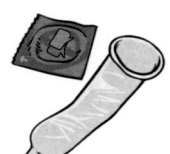

kondom
....
kondom

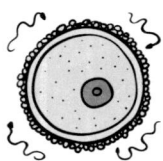

petesejt
....
jajna stanica

sperma
....
sperma

terhesség
....
trudnoća

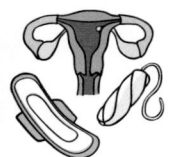

menstruáció

menstruacija

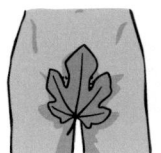

vagina

vagina

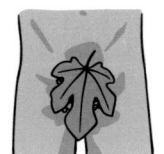

pénisz

penis

szemöldök

obrva

haj

kosa

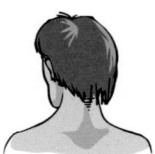

nyak

vrat

kórház
bolnica

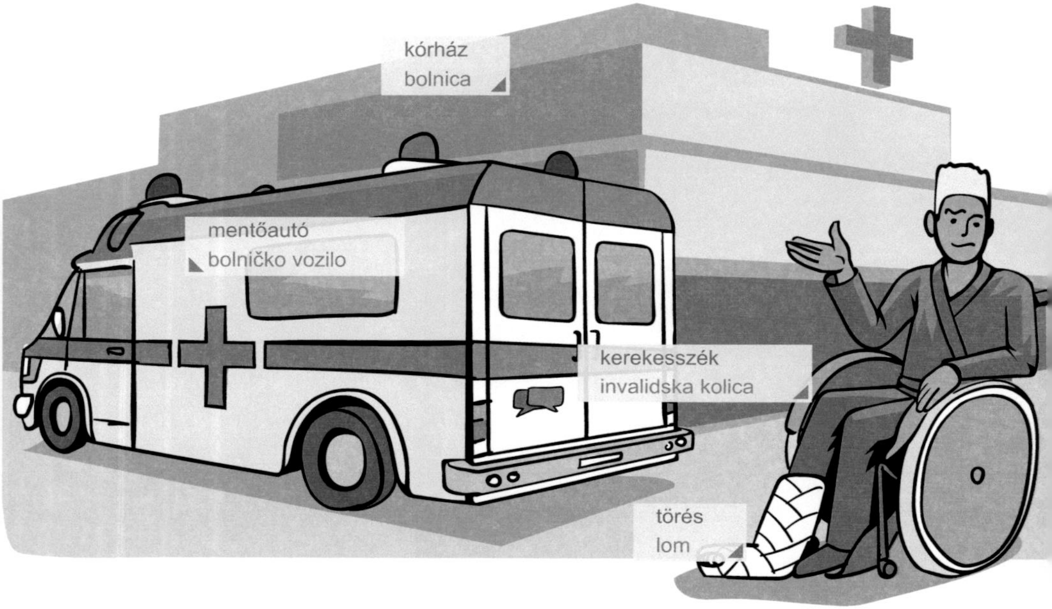

kórház
bolnica
mentőautó
bolničko vozilo
kerekesszék
invalidska kolica
törés
lom

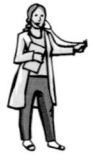

orvos

lječnik

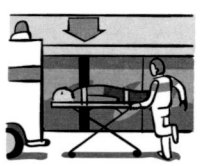

sürgősségi osztály

hitna medicinska služba

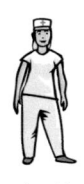

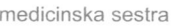

ápoló

medicinska sestra

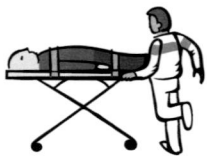

vészhelyzet

hitni slučaj

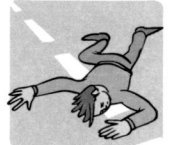

eszméletlen

nesvijest

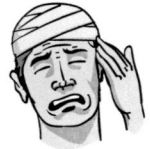

fájdalom

bol

sérülés

ozljeda

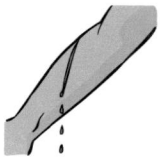

vérzés

krvarenje

szívroham

srčani infarkt

szélütés

moždani udar

allergia

alergija

köhögés

kašalj

láz

groznica

influenza

gripa

hasmenés

proljev

fejfájás

glavobolja

rák

rak

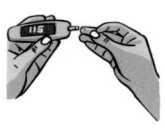

cukorbetegség

dijabetes

sebész

kirurg

szike

skalpel

műtét

operacija

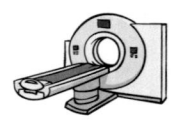

CT

ct

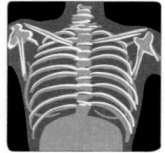

röntgen

rentgen

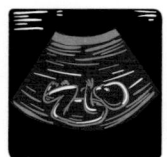

ultrahang

ultrazvuk

arcmaszk

maska

betegség

bolest

váróterem

čekaonica

mankó

štaka

sebtapasz

flaster

kötszer

zavoj

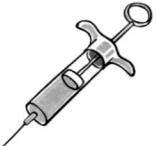

injekció

injekcija

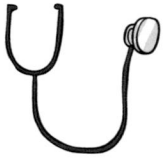

sztetoszkóp

stetoskop

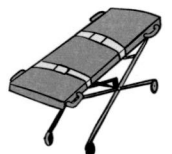

hordágy

nosilo

klinikai hőmérő

termometar

születés

rođenje

túlsúly

prekomjerna težina

hallókészülék
slušni aparat

fertőtlenítőszer
sredstvo za dezinfekciju

fertőzés
infekcija

vírus
virus

HIV/AIDS
hiv / sida

orvosság
medicina

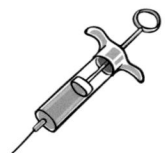

oltás
vakcinacija

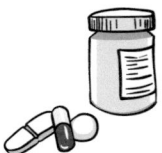

tabletták
tablete

tabletta
pilula

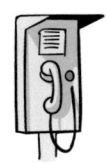

sürgősségi hívás
poziv u pomoć

vérnyomásmérő
uređaj za mjerenje tlaka

betegség / egészség
bolesno / zdravo

Segítség!

pomoć!

riasztás

alarm

rajtaütés

nasrtaj

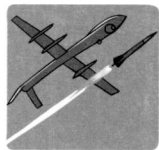

támadás

napad

veszély

opasnost

vészkijárat

izlaz za nuždu

tűz!

požar!

tűzoltókészülék

vatrogasni aparat

baleset

nezgoda

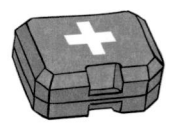

elsősegélycsomag

kofer prve pomoći

SOS

sos

rendőrség

policija

Európa

Europa

Észak-Amerika

sjeverna amerika

Dél-Amerika

južna amerika

Afrika

Afrika

Ázsia

Azija

Ausztrália

Australija

Atlanti-óceán

Atlantik

Csendes-óceán

Pacifik

Indiai-óceán

ocean

Déli-óceán

antarktički ocean

Jeges-tenger

arktički ocean

Északi-sark

sjeverni pol

Déli-sark

južni pol

Antarktisz

Antarktik

föld

zemlja

szárazföld

zemlja

tenger

more

sziget

otok

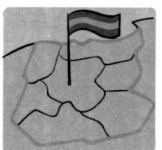

nemzet

nacija

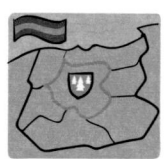

állam

država

föld - zemlja

számlap

brojčanik sata

kismutató

satna kazaljka

nagymutató

minutna kazaljka

másodpercmutató

sekundna kazaljka

Mennyi az idő?

Koliko je sati?

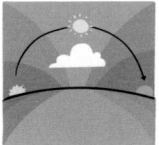

nap

dan

idő

vrijeme

most

sada

digitális óra

digitalni sat

perc

minuta

óra

sat

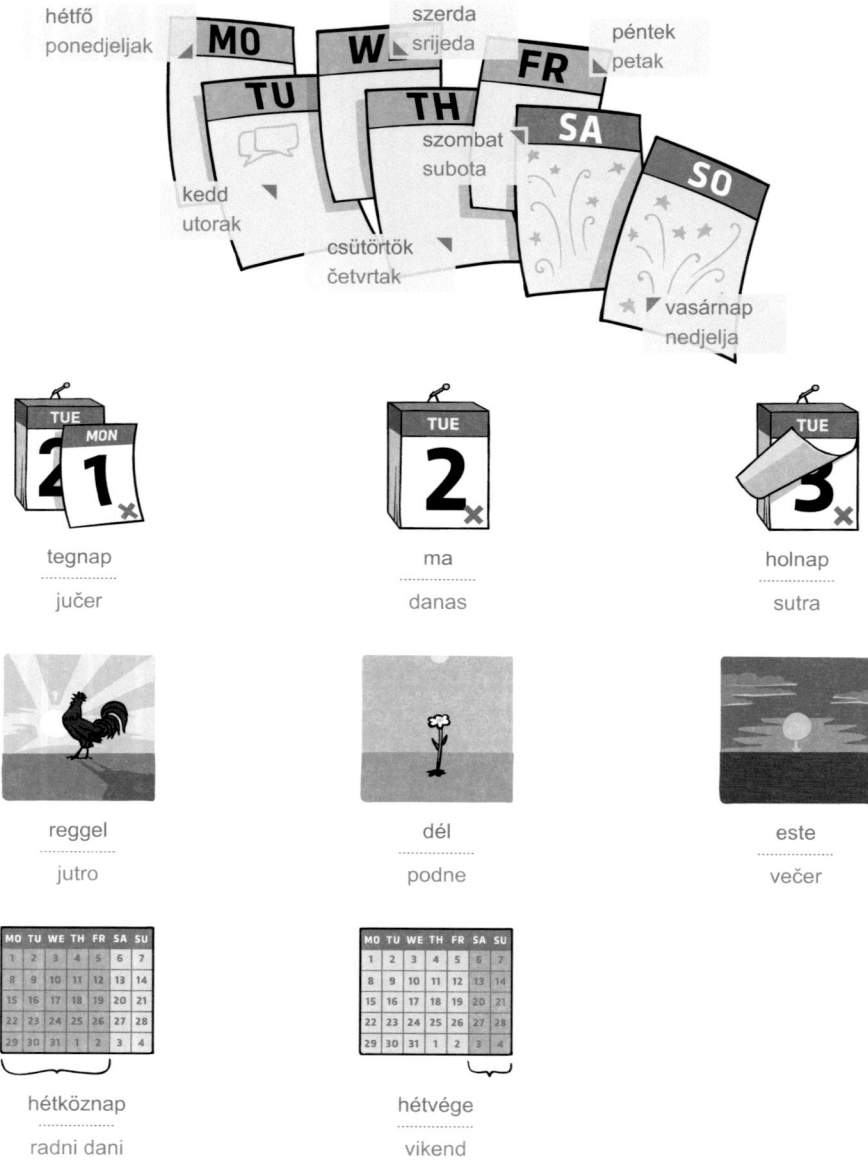

hétfő
ponedjeljak

MO

W

szerda
srijeda

FR

péntek
petak

TU

TH

SA

szombat
subota

kedd
utorak

SO

csütörtök
četvrtak

vasárnap
nedjelja

tegnap

jučer

ma

danas

holnap

sutra

reggel

jutro

dél

podne

este

večer

MO	TU	WE	TH	FR	SA	SU
1	2	3	4	5	6	7
8	9	10	11	12	13	14
15	16	17	18	19	20	21
22	23	24	25	26	27	28
29	30	31	1	2	3	4

hétköznap

radni dani

MO	TU	WE	TH	FR	SA	SU
1	2	3	4	5	6	7
8	9	10	11	12	13	14
15	16	17	18	19	20	21
22	23	24	25	26	27	28
29	30	31	1	2	3	4

hétvége

vikend

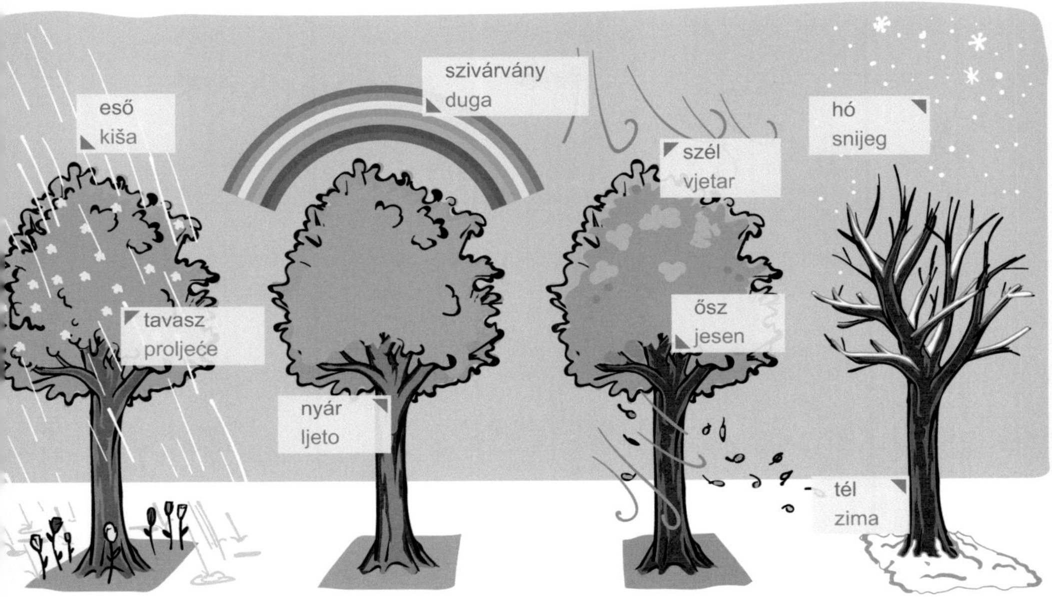

eső
kiša

szivárvány
duga

szél
vjetar

hó
snijeg

tavasz
proljeće

ősz
jesen

nyár
ljeto

tél
zima

4.APRIL	11°	☀
5.APRIL	4°	🌧
6.APRIL	13°	☁
7.APRIL	8°	❄
8.APRIL	10°	☀

időjárás előrejelzés

meteorološka prognoza

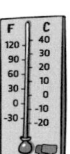

hőmérő

termometar

napsütés

sunčana svjetlost

felhő

oblak

köd

magla

páratartalom

vlažnost zraka

villámlás
munja

mennydörgés
grmljavina

vihar
oluja

jégeső
tuča

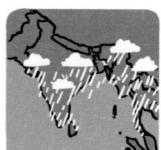

monszun
monsun

áradás
poplava

jég
led

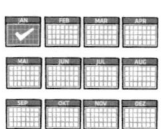

január
siječanj

február
veljača

március
ožujak

április
travanj

május
svibanj

június
lipanj

július
srpanj

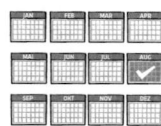

augusztus
kolovoz

év - godina

szeptember
....
rujan

október
....
listopad

november
....
studeni

december
....
prosinac

alakzatok
oblici

kör
....
krug

négyzet
....
kvadrat

téglalap
....
pravokutnik

háromszög
....
trokut

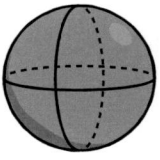

gömb
....
kugla

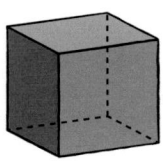

kocka
....
kocka

fehér

bijela

sárga

žuta

narancs

narančasta

rózsaszín

ružičasta

piros

crvena

lila

ljubičasta

kék

plava

zöld

zelena

barna

smeđa

szürke

siva

fekete

crna

sok / kevés

mnogo / malo

mérges / nyugodt

ljutito / mirno

szép / csúnya

lijepo / ružno

kezdet / vég

početak / kraj

nagy / kicsi

veliko / maleno

világos / sötét

svijetlo / tamno

fivér / nővér

brat / sestra

tiszta / koszos

čisto / prljavo

teljes / nem teljes

potpuno / nepotpuno

nappal / éjszaka

dan / noć

halott / élő

mrtvo / živo

széles / keskeny

široko / usko

ehető / nem ehető

jestivo / nejestivo

gonosz / kedves

zlo / dobro

izgatott / unott

uzbuđeno / dosadno

kövér / vékony

debelo / mršavo

első / utolsó

na početku / na kraju

barát / ellenség

prijatelj / neprijatelj

teli / üres

puno / prazno

kemény / puha

tvrdo / mekano

nehéz / könnyű

teško / lagano

éhség / szomjúság

glad / žeđ

betegség / egészség

bolesno / zdravo

illegális / legális

ilegalno / legalno

intelligens / buta

pametno / glupo

bal / jobb

lijevo / desno

közel / távol

blizu / daleko

új / használt
novo / rabljeno

semmi / valami
ništa / nešto

idős / fiatal
staro / mlado

be / ki
uključeno / isključeno

nyitva / zárva
otvoreno / zatvoreno

csendes / hangos
tiho / glasno

gazdag / szegény
bogato / siromašno

helyes / helytelen
točno / pogrešno

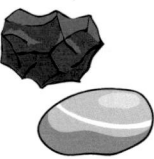

érdes / sima
hrapavo / glatko

szomorú / vidám
tužno / sretno

rövid / hosszú
kratko / dugo

lassú / gyors
polako / brzo

nedves / száraz
mokro / suho

meleg / hideg
toplo / hladno

háború / béke
rat / mir

0

nulla

nula

1

egy

jedan

2

kettő

dva

3

három

tri

4

négy

četiri

5

öt

pet

6

hat

šest

7

hét

sedam

8

nyolc

osam

9

kilenc

devet

10

tíz

deset

11

tizenegy

jedanaest

12

tizenkettő

dvanaest

13

tizenhárom

trinaest

14

tizennégy

četrnaest

15

tizenöt

petnaest

16

tizenhat

šestnaest

17

tizenhét

sedamnaest

18

tizennyolc

osamnaest

19

tizenkilenc

devetnaest

20

húsz

dvadeset

100

száz

stotinu

1.000

ezer

tisuću

1.000.000

millió

milijun

angol

engleski

amerikai angol

američko engleski

mandarin kínai

kinesko mandarinski

hindi

hindi

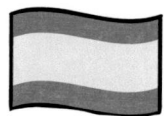

spanyol

španjolski

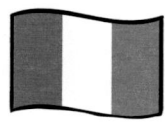

francia

francuski

arab

arapski

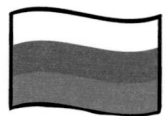

orosz

ruski

portugál

portugalski

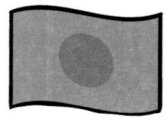

bengáli

bengalski

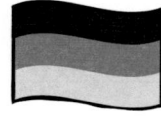

német

njemački

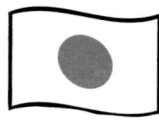

japán

japanski

én

ja

te

ti

ő

on / ona / ono

mi

mi

ti

vi

ők

oni

ki?

tko?

mi?

što?

hogyan?

kako?

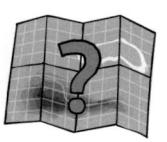

hol?

gdje?

mikor?

kada?

név

ime

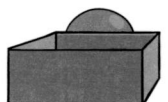

mögött

iza

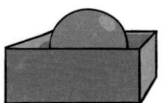

benne

u

előtte

ispred

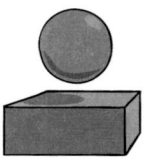

felette

preko

rajta

na

alatta

ispod

mellett

pored

között

između

hely

mjesto